LE CHARIOT

DES DEITE'S,

A L'HONNEVR DE MONSEIGNEVR LE PRINCE,

PAR L'INFANTERIE DIIONNOISE.

LE GENIE DIIONNOIS.

Voyés genereux PRINCE a quelle juste enuie
La vertu a porté l'honneur de vostre vie,
Le Ciel seroit ialoux si vos diuins autels
Receuoient seulement les encens des mortels :
Faut que la faueur de ces cheres visites
Augmente le respect qu'on doit à vos merites,
Que les Citoyens de ces suprémes lieux
Descendent icy bas pour vous honorer mieux

Ie suis des Dijonnois le bien - heureux Genie,
A leur felicité ma puissance est vnie,
Ie porte a leur destin la joye, ou le secours,
Diuinisé voüe au bon-heur de leurs jours :
Si d'vn mutin projet l'esmotion ciuile
Attaque leur repos, & menasse leur ville,
Ou que l'iniuste assaut d'vn pouuoir estranger
Emporte leurs esprits aux frayeurs du danger,
Guerrier, ie les r'asseure au milieu des alarmes,
Et dans l'espoir douteux des combats, & des armes.
Tutelaire Minerue oposee a l'effort
I'ay tousiours vne Ægide au peril de leur sort,
Que si rien de pareil ne s'offre a leurs courages,
Et qu'vn calme succede a l'effort des orages,
Ie flatte leur repos des plus justes esbas
Que la gloire & l'honneur font gouster icy bas :
I'inspire a leurs esprits des loüables idees,
Ou leurs affections se limitent guidees,
Ou reluit le merite, & le vice abatu
Disparoit a l'esclat que fournit la vertu :
Mais quoy qu'aye leur sort, leurs audaces bornees
Ne peuuent pas assez pour loüer vos annees :
Ils demeurent muets au bon-heur de vous voir,
Et leur meilleur effort n'a qu'vn foible pouuoir,
Des demons plus hardis, des vigueurs plus puissantes
Seconderont icy leurs ardeurs languissantes.

Ces quatre Deités que reuerent les Cieux,
Et qu'vn iuste dessein fait paroistre a vos yeux,
Offrent a vos vertus l'obiet de vos merueilles
Que vostre cognoissance à tiré de leurs veilles,
Et dans le zele sainct de leurs sages ferueurs
Consacrent a vos pieds ces diuines faueurs :
Conducteur de leur pas au desir de vous plaire
I'ay donné a mes vœux cest espoir temeraire,
Que vostre esprit pourroit agreer leur dessein,
Et aduoüer l'ardeur qui m'alume le sein :
Vostre prudence aussi bannit ma defiance,
Et remet mon soubçon a d'autre experience :
Venés donc hardiment heureuses Deitez,
Et rendez a ses iours les honneurs merités,
Que de vos doux encens l'agreable fumee
S'exhale a mon desir comme a sa renommee :
Donnés-luy tous les traicts que l'honneur d'vn pinceau
Tire aux perfections du plus rare tableau ;
Tracés tous les apas dont la vertu rauie
Nourit si saintement les plaisirs de la vie,
Montre vn port asseuré au bon-heur des humains,
Et pour suiure le mal n'a point d'yeux ni de mains :
La verité encor blasmera la memoire
De vous auoir caché quelque effet de sa gloire,
Vous verrez que l'honneur de vos heureux accez
Iura de l'impuissance, & non pas de l'excez.

Et que le juſte effort de vos loüanges ſainctes
Ne ſçauroit trop flater ces merueilles dépeintes,
Qu'il ſurpaſſe nos vœux, & qu'vn diuin tranſport
Ne peut s'adreſſer mieux qu'a l'eſclat de ſon ſort.

APOLLON.

PRINCE, premier fleuron de la riche Couronne
Qui du plus grand des Roys la perruque enuironne,
Sage, docte, diſert, & dont le grand pouuoir
S'alie eſgalement auec vn grand ſçauoir,
Ame de la vertu, merueille de ton aage
Apollon te vient rendre en ceſte terre hommage,
Apollon qui n'a point de plus doux entretien,
Et dont le luth ne ſonne autre nom que le tien,
Qui te cherche, te ſuit, & ne penſe a toute heure
Que de ſçauoir la part ou tu fais ta demeure,
Te treuue a la bonne heure en la ville des Dieux,
Ville, dont le pourpris reçoit en mille lieux
Les Deités du Ciel, & celles de la terre
Alors que dans ſes murs ta grandeur elle enſerre,
Auec elles ie viens pour honorer ton nom
Qui vole dans les Cieux, & de qui le renom
N'a ſeulement remply ce Tout de tes merueilles,
Mais du grand Iupiter a frapé les oreilles,

Et

t pour t'offrir ce don, vnique & rare pris,
Que la Muse destine aux plus braues espris,
Ce laurier qui ne craint les traits de la tempeste,
De son feüillage vert entourera ta teste:
Qui fait ferme aux mal-heurs, & luittant tout effort
braue d'vn front serain l'insolence du sort:
eçoy le de la main du Pere des Charites,
est deu des long temps à tes rares merites,
t tu portes si haut le vol de ton sçauoir,
ue si pour t'honorer ie pouuois plus auoir,
ffrirois à tes pied le comble de la gloire
u'on aquiert en aymant les filles de Mémoire,
ui te nomment tres-docte, aymable qualité
ceux qui prenent part à l'immortalité.
end ce titre, grand PRINCE, & iamais ne refuse
auoir de ta valeur pour compaigne la Muse,
le te faict l'amour, court a toy bras ouuers,
pour comble d'honneur te consacre en ces vers
hymne qui sera l'eternel tesmoignage
ue tu es en sçauoir le premier de cet aage.

CALLIOPE.

RINCE par le merite autant que par le sang,
Premier Pair du Royaume franc,

B

Mais sans pair en toute la terre,
De qui les moindres actions
Soit de la paix, ou de la guerre,
Veulent des adorations.

Sacré fleuron du Lis, grand de nom, grand d'effect,
Suiet ou s'vnit le parfect,
Et se terminent les miracles :
Ie viens de la part de mes sœurs,
Regnes des vers, & des oracles
Vous offrir leur Chœur, & leurs cœurs.

Ie vous donne en leur nom le sçeptre du sçauoir,
Et soufmets a vostre pouuoir
Tous ces grands palais de Memoire
Voüés a l'Immortalité,
Mais pour neant, si vostre gloire
Ne leur donnoit l'Eternité.

Ia pour vous receuoir le carosse estoilé
Du renom est tout atelé,
Ia ces cent clairons il embouche,
Et sonne du soir au matin
D'vne maiestueuse bouche
Des BOVRBONS le Royal destin.

Tout Parnasse vous rit, & le cristal coulant
Fils du pied du cheual volant,
En son flot vostre los resonne,
Pour vous se courbe son Laurier,

t s'arondiſſant en couronne

ous marque, & Scauant, & Guerrier.

  H E N R Y le doux ſoucy des hommes & des Dieux,

ui aux vertus de vos ayeux

ués adiouſté la ſcience,

t qui vſés eſgalement,

e l'eſpee, & de labalance

our la Guerre & le Iugement.

  Delices d'Helicon dont l'honneur immortel

erite vn temple & vn autel,

rompette de vos aduantures,

i vous auésa gré mes vœux,

ien loing dans les races futures

e les diray à vos Neueux.

  Tout perit, & l'oubly tiendroit enſeuelis

es Aigles & les fleurs de Lys,

i l'eternité de mes nombres

'en auoit conſacré le nom,

t chaſſé la nuiĉt & les ombres

ont le temps couure le renom.

  Mais le voſtre à iamais viura dans l'Vniuers,

e le vous predis en ces vers,

lus vrays que ceux de la Sybille,

t que pour tout iamais le Ciel,

ur vous & ſur voſtre famille

erſera le ſucre & le miel.

Que voſtre fils vn iour de gloire reueſtu
Eſgalera voſtre vertu,
Et que docte, vaillant, & ſage
Il ſe tiendra dedans vos pas,
Car d'auoir ſur vous aduantage
S'il n'eſt qu'homme, il ne le peut pas.

EVCEVIE.

Calliope ton hymne & la douce merueille
De ton chant qui chatouille & l'eſprit & l'oreille,
Tes vers entretiſſus d'apas & de ſçauoir,
Quoy que charmans les cœurs n'auront pas le pouuoir
D'areſter en ton ſein ce PRINCE qui s'amuſe
Quelquefois par esbat a courtiſer la Muſe,
Qui la baiſe a l'eſcart, & ne fait tous les iours
Eſtat d'entretenir de ſi foibles amours:
Son deſſein va plus haut, il n'a point de penſee
Qui ne ſoit par ſon zele hors de terre eſlancee,
Et de quelques ſoucys que ſon cœur ſoit touché
Ferme a moy qu'il cherit il ſe tient ataché,
Moy qui ſuis ſon amour, ſa fidelle Euceuie,
Son penſer, & ſon mieux, la guide de ſa vie,
Qui pres de ſes coſtés ne le quitay iamais
Au trouble de la guerre, au calme de la paix,

Voy

Voy desia qu'il me rit, & lors que ie le loüe
Que la rose, & l'œuillet luy montent sur la ioüe,
Qu'il m'escoute attentif, & que d'vn clein de l'œil
Il vient de m'honorer d'vn fauorable accueil :
PRINCE, trois fois heureux puis qu'il te plaist m'entendre,
Escoute le deuoir qne ie desire rendre
Au los de ton merite, & quelle affection
Me porte a te loüer en ta deuotion :
Sitost que tu me vis, & sans fard, & sans ride
Estre d'acceZ facile, & d'entretien solide,
Que par mes mouuemens ie penetrois les Cieux,
Que i'auois en horreur vn acte vicieux,
Et que tous mes hayneux atiroient sur leurs testes
Les iustes chastimens des vengeances celestes,
Et qu'au contraire ceux qui m'auoient en amour,
Fauorisés du Ciel prosperoient chaque iour :
Tu courus m'embrasser, & par ceste caresse
Tu me iuras deslors de me prendre a maistresse :
Glorieuse d'auoir aquis vn tel amant,
Cherissant ce bon-heur ie fis aussi serment
D'estre tousiours a toy, ainsi liés ensemble
En mutuel amour dés ce temps nous assemble,
Que n'as-tu pratiqué pour me mieux tesmoigner
Que ton affection ne vouloit s'sloigner
Du vœu de ta constance, & que n'as-tu fait mesme
Pour me montrer les traicts de ton amour extréme :

C

Ton zele merueilleux en paroles & faicts,
Tes souhaits & pensers si saincts, & si parsaicts,
Tes voyages loingtains au peril de ta vie
Ne sont faits qu'au suiet de ta chere Euceuie,
Euceuie ton mieux, qui aussi de sa part
Esclaue de tes traicts de ton sein ne départ,
T'eschauffe en son amour, porte au Ciel ta priere,
Fait qu'elle n'est iamais reiettée en arriere,
Et comme si ton cœur entroit en l'action,
Rien ne t'est retranché de ton affection.
O qu'il t'est mieux seant grand PRINCE de qui l'ame
Brusle si viuement d'vne diuine flame,
Qui par ta pieté te rends chery des Cieux,
Que tu prennes tousiours le tiltre de pieux,
Et reiette le nom de Docte qui n'aporte
A tant de qualités qu'vne legere escorte :
Puis que tu m'es amant, tu m'as donné la foy,
Et ne dois selon droict aymer autre que moy :
Les vœux d'vne amitié si sainctement iuree
Sont tousiours cimentés d'vne longue duree :
Ne me change iamais, & pour quelque suiet
Qui te flate, pren-moy pour ton vnique obiet,
Mon zele humble & deuot a de plus puissans charmes.
Que l'esclat du sçauoir, ou la gloire des armes.

Air, & Musique dans la Nüé du chariot, de la part des MVSES.

QVoy que les riuages quités
De noſtre diuine Hypocrene,
J'enfantent que des voluptés,
t n'entendent iamais ſouſpirer quelque peine :
  Grand PRINCE puis que c'eſt pour vous
  L'abſence eſt agreable, & l'exil nous eſt dous.

uoy que nos yeux ne voyent pas
e beau ſeiour de la ſçience,
t qu'ils ſe priuent des apas
ui flatent les obiets de noſtre experience :
  Grand PRINCE puis que c'eſt pour vous
  Parnaſſe nous déplaiſt, & l'exil nous eſt dous.

uſsi la gloire a tant d'effort,
t noſtre ardeur eſt ſi fidelle,
Que quand meſme vn arreſt du ſort
Nous rendroit maintenant ceſte abſence eternelle :
  Grand PRINCE puis que c'eſt pour vous
  Sa rigueur nous oblige, & l'exil nous eſt dous.

BELLONE.

C'Est assés Eucenie, oses-tu bien parler
Quand i'ay l'espee au poing ? oses-tu t'esgaller
A moy sœur du grand Mars Deesse de la guerre,
Qui remply quand ie veux d'effroy toute la terre ?
Ie possede ce PRINCE, & ne te vante plus
De tenir son courage en vn temple reclus,
N'alegue tes amours, n'y tant de marques sainctes
Qui sont dans ton esprit si viuement empraintes,
(On sçait bien qu'vn grand PRINCE heureusement bien
Tel que luy ne sçauroit estre mal destiné,)
Quoy? te peut-il aymer plus que moy sa Nourrice,
Sans courre vn grand hazard de faire vne iniustice?
L'amour, & le deuoir vont tout d'vn autre pas,
L'vn porte la contrainte, & l'autre les appas :
Et si tu l'as touché d'vne douce pointure,
Ie le tiens engagé par les loix de nature :
Ie l'ay dés le berceau nourry dans les combats,
Au milieu des dangers il treuue ses esbats :
Soldat il sçait fraper & d'estoc, & de taille,
Et general renger vne armee en bataille :
Mais quand des deux costés Mars alume les cœurs
Qi'Enyon n'a iugé quels seront les vaincœurs,

Que

Que le sort du combat esgalement balance,
Et qu'on liure le choc de pareille vaillance,
Est-il autre que Mars? sçait-il pas sagement
Renforcer l'escadron qui ploye laschement,
Et sans perdre le temps d'vne ruse guerriere
Enclorre a l'imporueu l'ennemy par derriere?
Son soin pouruoit a tout, sage & iudicieux
Il cognoit d'vn clin d'œil l'aduantage des lieux,
Et qui doute d'auoir la victoire certaine
Sous les prudens conseils d'vn si grand Capitaine?
Qui porte en son bras droit la terreur, & l'effroy,
Et de qui le nom seul met tout en desarroy:
C'est par l'heureux succés de sa bonne conduitte
Qu'il a mille fois mis ses ennemis en fuitte,
Renuersé leurs desseins, & graué sur leurs dos
A coups de coutelas la gloire de son los.
Ie n'en veux pour tesmoing que le fort de Sancerre,
Qui voit auec ses murs son orgueil contre terre:
Sully, Chasteau-Renard, Argenton, & Gergeau
Ont veu leurs plus mutins perir par vn cordeau:
Bref, on ne peut treuuer vn seul coin de la France
Qui ayt porté le faix d'vne iniuste souffrance,
A qui son bras vengeur n'ayt fait iustement veoir
Comm'il punit le traistre, & le range au deuoir:
C'est pour telles valeurs que par toute la terre
Il aquiert ce grand nom de foudre de la guerre:

Braue Heros dont les faits sonnent si hautement,
Puis qu'vn si beau renom t'est donné iustement :
Que le Ciel ne voit rien d'esgal a ton merite,
Reçoy les humbles vœux de ta chere Charite :
Puisses-tu ,bien-aymé, des hommes & des Dieux
Retourner du combat tousiours victorieux :
Que la fortune marche au front de tes armees,
Ta valeur se cognoisse aux plaines Idumees,
Et qu'on sçache par tout que nul autre que toy
N'aproche de plus pres la gloire de ton Roy.

LE GENIE DIIONNOIS
FINISSANT.

SAtisfait de l'honneur immortelles Deesses
Qu'ont rendu a mes vœux vos diuines caresses,
Permettez que i'apaise en ces ioyeux esbats
L'ardente esmotion de vos foibles debats :
Il est vray que ce PRINCE adorable Euceuie,
Conforme a ton vouloir les effets de sa vie;
Que le zele est parfait qui anime son cœur
Des celestes eslans de ta saincte vigueur :
Il est vray, sœur de Mars, qu'vn iuste effort l'eslance
Au genereux recit de sa rare vaillance,
Que l'effroy des hazards luy fournit des appas,

Et qu'il suit ses ayeulx sur l'honneur de leurs pas
Calliope a suiet d'alier a ses armes
L'agreable douceur de ses vtiles charmes,
Et parler de son fort sans loüer son sçauoir,
C'est trahir son merite, ou manquer de pouuoir:
Mais dans l'esclat commun d'vn si rare partage
Contester la faueur d'vn premier aduantage,
C'est vn foible deuoir, & vos Diuinités
Incourent le soubçon de quelques vanités:
Toutes vos qualités en luy seul ramassees
Voyent esgalement leurs merueilles trassees:
Il les possede ensemble, & leurs mouuemens saints
Ont tousiours commencé, & fini ses dessains:
Arrestés donc le cours de vos vaines querelles,
Et sages, employés des aduis plus fidelles,
Vous aués tousiours veu aux grandeurs de nos Roys
Le pouuoir reueré de vos diuines loix,
Si la terre a tremblé sous l'effort de leurs armes,
S'ils ont cherché la gloire au milieu des alarmes,
Et courbés sous le fais de cent & cent lauriers
Effacé le renom des plus braues guerriers,
Ou si de leur pouuoir l'equitable conduite
A veu selon vos vœux leur prudence reduite,
Nourir la pieté, embrasser le sçauoir,
Et porter a l'exemple vn publique deuoir:
Ce sont vos mouuemens, & vos forces vnies

Qui regloient leurs desseins, & guidoient leurs genies :
C'est suiuant vos desirs qu'on a veu icy bas
Au comble plus parfait de vos diuins esbas.
Ce miracle François, c'est honneur des Monarques,
De qui la Sainsteté a laissé tant de marques,
Poussé d'vn iuste zele, & brauant tout peril
Porter deux fois les Lis au riuage du Nil :
C'est suiuant vos desirs, & en paix, & en guerre
Que le plus digne Roy qui viue sur la terre
En l'auril de ses ans, au berceau de l'honneur
D'vne extréme vaillance, & d'vn rare bon-heur
A colleté vn monstre en l'ardeur de sa rage,
Ou Hercule cent fois eust perdu le courage,
Et pouuant, genereux, l'estoufer sous le faix
Luy a donné la vie, & accordé la paix :
Ainsi ce grand surjon de ceste illustre race
Suit les vestiges saincts de leur diuine trace,
Et l'esclat ramassé de leurs perfections
D'vne esgale clarté luit en ses actions :
Ainsi tant de vertus d'vn effort legitime,
Ont porté son renom au Zenit de l'estime,
Et dans les cris confus d'vne publique voix
On voit rendre ces vœux aux esprits Diionnois,
Que tous les iours du Ciel la faueur poursuiuie,
Caresse son merite, & oblige sa vie :
Que guerrier redontable aux ennemis du Roy,

porte la victoire auſsi toſt que l'effroy ,
...u'il gouſte dans la paix les faueurs qu'elle verſe,
...ue tout le fauoriſe, & rien ne le trauerſe,
...t qu'enfin le bon-heur accompagne touſiours
...es deſſeins de ſa gloire, & l'honneur de ſes iours.

...REMIER VIGNERON,

...uenô por te dire vray
...ymer oo bé meu etre en Bray
...ue découtay tant de bricôlle
...'on dy tô ſé moiſtre de côlle:
...y mey voy dou veigne ſé !an,
...ui pale comme de Reian,
...nſeu en ene groſſe trance ,
...orbeite quellé patiance
...e les ouy tan grazelay,
...nantandre ran ay celay:
...cude qu'ay ſon de praticque,
...ou bé quay lon paſſay lé picque,
... quay ſon tô ian dou Paloy
...ou ſaa qu'on iargonne lay loy.

SECOND

...olibo, tu conte morvoille
...ce brut ven en mé zoroille,
...eige pa vu lou tan paſſay?
...ian iy panſe ian ſeu laſſay,
...u'on fy deſiay dou tintamarre,
...'on diſoó que tôte lay garre
...bôllero ayv o lou tan
...ian ſaa qu'on debôſy Tailan
...uledu, & Vorgeyſu roche
...a ay ly ay oche qui oche ,
...n voy lay garre, on voy lay poy,
...tôſe bôte en deſarroy ,

Tan de ſoudar pote raipaire
Que iaymoy ay n'en fu de paire.

PREMIER

Lay garre , & quéy te môquetu
Lé garrou ſon tô mau vetu,
Ne lé voy ton pa por lay velle ?
Quaycheze tretô en iayvelle
San ſoulay, chauſſe, ny chaipeə,
Ay non maifoy ran que lay pea ,
On ne voy pu lò Capitene
Ay vô lo iargo de fe tene,
Lay pleumôtte, & lo coutelar
Qui reluzin comme in quelar,
Quan ay laulin levan lay téte,
Quay ſémaſin lé ior de féte,
Et qu'on nantando lou tambor,
Lo ca allo bé ay rebor,
Tó le prôue ian fezin gille
En remaſſan lò tricquebille,
Ma lé gouiar, & lé vaulò
Gaullin lé d'inde & lé poulò,
Tó lo ſarvo en lo baigaige,
Ay lampotin tó iuſque e caige:
Ma pu que nó aivon laï poy
Qu'on ay criay dan lou pailoy
Qiéy répotay Monſieu l ou Prince
An reuenan dan lay Prouince ,
Dequey no ſene ben heurou ,
Ne palon pu dé ſé garrou,

E

Ie niron pu su lai muraille
Por y couché se vau se vaille
Dan lé codegade de neu,
Vou iay mau repósay mon queu.
        SECOND
Tu me dy de bonne nôvelle
Sa porquey don sé tatevelle
Cause tan su ce chairiô.
        PREMIER.
Iay mayfoy bea cryay òrô
Torior pu for ay lan babille,
Ie cude que sa dé Sebille,
Vou quaique Feé doutan passay
Qui vorin bé se remassay
Pu quelle sote de sé roch=
Vou elle iuin ay lay boche.
        SECOND.
Còlay qui son por lay dessu,
Sy ie man léu bé épossu,
Vou sy ló palay ne mémuze,
Ay dizon que satô dé buze,
Ayuò lou geney doupáy
Qui veigue por se reboy
Vé Bon tan, & vé Meire-fôle,
Et vé lé fòse bòtre au rólle.
        PREMIER.
Cetey lai qui é y lou Sòlò
Au desu de son caibòlò,
Et qu'an say main dou laurey pote
Qui a dé premeire ay lay pote,
Y te prie de me lay nommay.
        SECOND.
Elle la de Sainct Eplòmay.
        PREMIER.
Et lautre qui ney que lou bay.
Et qui ne iue ran dou rebay
Ay qui les euille tan li troite.

        SECOND.
Ay lon dy que sa quairiòtt
        PREMIER.
Et cetây qui ay son palay
Ay lou gozey tò decolay
Qui pu que lé zautre à iolie
        SECOND.
Ay l'on apelay l'eucerye,
        PREMIER.
Ma cetay qui pale sy hau
Ie cude quélle fero mau
Selle deno vn có de picque
Ay tò có qui l'y fon lay nique
Asson de lay garre lòu déy
Qui en pale tò por dépey.
        SECOND.
Elle lay may foy bonne tr
Ay l'on épellee lay Bretone.
        PREMIER
Sembey lò palay à sy du
Et sii e lay bé entendu,
Que sa por vò Monsieur lou
Pu que vos aimé lay Prouinc
Ma portan tô lé vingneron
Iusque au compeire Margue
Feron bévoy qu'en lo tròfee
Ay non point de cloche de f
        SECOND.
Ay non iaymoy montay su
Ay non poin de vin de Mad
Ny de cé bon vin de Fontene
Qu'on mene vèdre ay Vaïlan
        PREMIER.
Ay non poin dou vin de Tail
Qui fai gran bé en lévaulan,
Comme cetu dé Nautilléne
Quant ay còlle dan lay iarbei

SECOND.
On ty por lo dou vin dé Cray,
ou vin de Pouffô & de Bray,
ou vin qui croy és Epenôtte,
on lés òvrey faiue lay nòtte.
PREMIER.
On ty dou vin dé Zatereaa
ey faice poy ay Ian Porreaa
uay ly refotto por le zœille
afsi beaa que quan on le ceuille.
SECOND.
Ma dy mey vóy don Iòlybò
on ty dou vin dé Longerò,
la dou fin vin dé bonne meire
Qui reparpille lay lemeire.
PREMIER.
On ty dou vin de Champchardon,
oû Rôzelan, doú Vailandon,

Qui fay tretelay por lé rûe
Ccò qui de bon vin fébieiue,
SECOND.
Ay, que dy tu dé Viòlótte,
Dé Au, & de bonne Aulôuêtte
De Piffevin, dou Clòbiilon,
De Vaullemin dé Echaillon.
PREMIER
Sa dòu vin, aytó ie téflure,
Que quan iay von fay lay fòlure.
Ie denon mointe tor au treu
Devan qu'on ó remply lé meu
Iayuon encor pormy nó carre,
Por norry lay poy, & lay garre,
Encor qui fene bé lafféy
Daiuoy tan vue de blay paffay
Qu'on emmenóvé lay montaigne
Por reuigoray lay Champeigne.

CHANSON.

SAt aiffé pairólay, erozon la▪beire,   bis
Y feron enremay fy ne beuon compeire:
    Morbey qui feu contan
    Quan y voy lou bon tan.
Ay fe beaa Pairòlou, qu'on fay fy grand lòquence,   bis,
En depey de lo dan, ie lo feron leiance:
    Morbey qui feu contan
    Quant y hauffe lou tan.
Ecrazon lou borion dedan fete gondòlle,   bis,
Peu aipré tor ay tor padon zy lay pairòlle:
    Y ne feu pa cotan
    Que quan y boy dautan.
Compeire eréton no y ne fon pa trõ feige,   bis,
Danfin boire adiman deuan téy porfeneige:
    Ma quéy beuon dautan
    Pu quay laime Bon tan.

SECOND.

Monsieur may foy côte cé ruze
Vou cé Mariolene sebuze
Ne vo serin bé contantay,
Ai vau ben meù nos écouray:
Se vo no voisin en Venonge
Quan la qu'on mene lay bailonge,
Qu'on no trene ayvò dé chevau,
Et qu'on mainge dé frôtee d'au,
Vo laisserin lay lò musicle,
LS chairiò de tricquenicle
Por vé nò vigney éretay,
Et de nó bon razin tatay.

PREMIER:

On dy bé voy ogne qui ogne,
Ran ne vau comme lay Bregonne,
Ie seu étay por lou pay
Dou tan qu'on naivò orin Gaty,
Et do lay dan lay Vartòligne
Vou bé fò van lou chày se pigne,
Tó celay nepreuche ay Diu
Meù vau ecrázay vn borit
Meu vaille nò crotte d'Aineux,
Mcu vau lay fête de Pleumeire,
Méu vau lay foulaire Sainct Ian,
Méu vau lou gran ieu dé Reian,
Meu vau vn Branne ay lay Saufoo
Que tò los hayby fay de foo,
Me ce qui déne pu de goù
Se vo zaivin va nò brigou,
Quan lay moirye a échauffee
Quon fay dou roo ay létoffee,
Et que lé miftre vigneron
No méne en tache au cateron,
Quan on fan vay por lé baroche
Auily ce qu'on féne lay cloche
Ay pré qu'on nay bue & trampay,

Et quia brigon fe voy rrompiy
Qu'on ly ay dénay lay bricólle,
Iaymoy ay ne faran pu drólle.

SECOND.

Se vou velé étre en repô
Monsieur, aymé roior lé fò,
Ne croyé pa cés enuelôppe
Sa de vray filouze détòppe,
Retoné vo deué lou tan,
Por voy lé ébay de Bontan,
Lay morbey y voro bén étre
Vé ce fò en quaique fenétre,
Lé fò y son de tô coutay,
May foy, son lé vélò contay
Qu'ò fuffe aulay de carre en car
On ne fairô auquey se parre,
Tò au trauar, & tô dou lon
Ay laydroy, ay lay requelon,
Ce na que fó, tó por lay plaiffe
Et n'en faicte iay lay grimaiffe.

PREMIER.

Aymé le fó ior & iaymoy
Pu quayvé fay criay lay poy,
Monsieur aymé lay bonne velle
Vou faa qu'on dit bé dé nòvelle
En lay bóticle é parròquay
Vou iaymoy ne fau lou caquay:
Nos airon bonne fóaenance
En quaique leu que fin en Fran
Et priron le bon Dey toior
Que no venín revoye vn ior,
Que vos enfan fu lay Bregonne,
No luzanin de bonne trogne,
Et que Meire-fólle & Bontan
Lé peulsin reiouy dautan.